W0178859

DON BOSCO
VERLAG

ALMUT HANEBERG · ANNELIESE HERZIG · PETRA KROPF

EIN WEGWEISER
DURCH DIE FASTENZEIT

Und mein Leben blüht auf

MIT BILDERN VON ALMUT HANEBERG

don bosco
frauenSpuren

Bibliografische Information Der Deutschen Bibliothek

Die Deutsche Bibliothek verzeichnet diese Publikation in der
Deutschen Nationalbibliografie; detaillierte bibliografische
Daten sind im Internet über <http://dnb.ddb.de> abrufbar.

Bibeltexte entnommen aus:
Einheitsübersetzung der Heiligen Schrift
© Katholische Bibelanstalt, Stuttgart 1980

1. Auflage 2003 / ISBN 3-7698-1406-1
© 2003 Don Bosco Verlag, München
Umschlag und Innengestaltung: Margret Russer
Umschlagmotiv: Almut Haneberg
Produktion: Don Bosco Grafischer Betrieb, Ensdorf

Gedruckt auf umweltfreundlichem Papier

Inhalt

Einführung

UND MEIN LEBEN BLÜHT AUF

... das ist nicht so einfach, wie es zunächst klingt: »mein Leben blüht auf« – dort wo ich stehe, nicht woanders, nicht unter anderen – oftmals unrealistischen – Bedingungen. Ein Weg ist notwendig, um dahin zu gelangen. Ein Weg, der auch Dunkel und »Geburtswehen« mit einschließt. Die Bilder und Gedanken dieses Fastenkalenders möchten Sie zu diesem Abenteuer einladen – damit die Zeit zwischen Aschermittwoch und Ostern für Sie fruchtbar wird.

Einige Hinweise zum Umgang mit diesem Fastenkalender mögen Ihnen erläutern, was dieser Fastenkalender verspricht und wie Sie ihn für sich in dieser Zeit einsetzen können.

- Jede Woche, beginnend mit dem Aschermittwoch, steht unter einem bestimmten Thema.
- Mit Blick auf das Thema laden wir Sie jede Woche zu einer »Übung« ein, die sich wie ein roter Faden durch die Tage ziehen kann.
- Jede Woche hat – neben der »Wochenübung« – vier verschiedene *Impulse*: ein Bild mit dem zugehörigen Text (Almut Haneberg), einen erfahrungsorientierten Bericht (Petra Kropf) sowie eine Einladung, die Bibel zur Hand zu nehmen (Anneliese Herzig).
- Die Impulse sind auf *drei Tage* der Woche verteilt: der Sonntag als erster Tag der Woche, Mittwoch und Freitag als klassische Fastentage, die schon in den ersten christlichen Jahrhunderten verbreitet waren. Für die Woche nach dem Aschermittwoch können Sie den Samstag hinzunehmen. Natürlich sind Sie frei, auch andere Tage zu wählen, wenn dies Ihrem Lebensrhythmus mehr entspricht.
- In der letzten Woche, der *Karwoche*, legen wir den Schwerpunkt auf Gedanken zu Palmsonntag, Karfreitag, Karsamstag und *Ostersonntag*.

- Wir möchten Sie ermutigen: Sollten Sie bei einem der Impulse länger verweilen und dafür einen anderen überspringen wollen, tun Sie das ruhig! Nicht auf vollständiges »Abarbeiten« kommt es an, sondern auf das »Verkosten« (Ignatius von Loyola), auf das Durchdenken und Erleben. Setzen Sie sich also nicht unter Druck.
- Oft entsteht der Wunsch, einige persönliche Gedanken festzuhalten oder wichtige Dinge zu markieren. Unser Vorschlag: Schreiben Sie doch Ihre Anmerkungen auf Haftnotizen (»Post-its«) oder legen Sie einfach Notizblätter in Ihren Fastenkalender. Eine andere Möglichkeit: Legen Sie zusätzlich ein Tagebuch an und halten Sie alles fest, was in diesem Buch nicht mehr Platz findet. Denn: Lassen Sie sich nicht davon abbringen, den Kalender als »Arbeitsbuch« zu verwenden und ihn mit Anmerkungen, Kritzeleien oder auf sonstige Weise zu Ihrem ganz persönlichen Buch zu gestalten. Wir möchten Sie auch anregen, (bunte) Stifte, Malfarben, Ton und andere Materialien zur Hand zu nehmen und dem, was Sie bewegt, Ausdruck zu verleihen.

Wir, die drei Autorinnen, gehören einem katholischen Frauenorden an, den »Missionsschwestern vom Heiligsten Erlöser«. Wichtig ist uns, dass Gott uns Menschen aus den Verstrickungen des Lebens lösen möchte und zum »Leben in Fülle« führen will (Johannes 10,10). Wir danken Sr. Rosemarie Lichtenwallner aus dem gleichen Orden und Frau Gabriele Franke, die zur »Weggemeinschaft«[1] gehört, für ihre Beiträge. Die Bildserie von Almut Haneberg wurde für das »Institut für Lehrerfortbildung« in Gars am Inn geschaffen. Wir freuen uns über das Einverständnis des Instituts, die Bilder hier zu veröffentlichen.

Wir wünschen Ihnen einen guten Weg durch die Fastenzeit und hoffen, dass unsere Impulse Sie dabei gut begleiten können.

Sr. Almut Haneberg • *Sr. Anneliese Herzig* • *Sr. Petra Kropf*

---

[1] *Die »Weggemeinschaft« ist eine Gruppe von Frauen und Männern, die sich zusammen mit einigen Schwestern regelmäßig zu Gebet und Austausch treffen und sich dabei der Spiritualität der Erlösung verbunden wissen.*

Empfängliche Erde

VON ASCHERMITTWOCH BIS SAMSTAG
NACH ASCHERMITTWOCH

ASCHERMITTWOCH

empfängliche erde

fest gefrorener acker
gefangen in kälte
und dunkelheit

bald kommt das erwachen
tief innen im dunkeln
ahnst du die sehnsucht
des bevorstehenden frühlings

erste sonnenstrahlen
berühren dich
wärme von außen
löst behutsam
das eisige erdreich
zu weichem boden
die lebendigkeit
kehrt zurück
du wirst allmählich bereit
etwas aufzunehmen

ganz zart
hörst du
das glucksen des wassers
quellen brechen in dir auf
verwandeln dich
in empfängliche erde
verheißen keimen
wachsen und blühen

was wird ist noch offen
doch dem beginn
ist der boden bereitet

Almut Haneberg

WOCHENÜBUNG

Versuchen Sie mit der Qualität von Erde vertraut zu werden. Vielleicht haben Sie Blumenerde zu Hause. Nehmen Sie bewusst eine Hand voll Erde, ertasten sie ihre Eigenart, fühlen Sie, ob sie weich, fein, grob, trocken oder feucht ist. Riechen Sie daran. Stellen Sie ein Gefäß mit Erde auf und lassen Sie sich davon inspirieren.

Wenn Sie die Möglichkeit dazu haben, machen Sie einen Spaziergang über einen Acker.

Almut Haneberg

FREITAG NACH ASCHERMITTWOCH

Empfängliche Erde – bei diesen Worten kommt mir der Schulgarten in den Sinn, an dem ich fast täglich vorbeigehe. Während der Ferienzeit und den ganzen Herbst hindurch kann das Unkraut ungehindert wachsen und sich das Terrain erobern, so dass die Beete kaum noch zu erkennen sind. Im Frühjahr versuchen die Schülerinnen unter Anleitung der Biologielehrerin die Wildnis wieder urbar zu machen, um den Garten neu anzulegen. Dazu ist einiges an Arbeit erforderlich: das Unkraut mit seinen oft hartnäckigen Wurzeln ausreißen, die Erde umgraben, lockern und glätten. Erst wenn all dies geschehen ist, können die Samen gelegt und die Pflanzen eingesetzt werden. Dann erst ist die Erde – um bei dem Bild zu bleiben – empfänglich für das Neue.

Das Wort »empfangen« hatte im Mittelhochdeutschen ursprünglich die Bedeutung »tätiges An- und Aufnehmen eines Entgegenkommenden«. Empfangen ist also kein passives Geschehen, sondern es erfordert auch unser Zutun.

In unserem Inneren sind wir in unterschiedlicher Weise empfänglich und aufnahmebereit. Manchmal sind wir sehr sensibel und wach für unsere Umwelt, aber manchmal sind wir auch taub vom Lärm des täglichen Getriebes. Zu Beginn dieser Fastenzeit können Sie sich die Frage stellen, wofür Sie sich in den kommenden Wochen empfänglich machen möchten und was Ihnen dazu helfen kann, die kleinen Zeichen des Alltags besser wahrzunehmen.

Petra Kropf

SAMSTAG NACH ASCHERMITTWOCH

Zuerst hat Gott Himmel und Erde geschaffen. Dann den Mann. Und dann aus seiner Rippe die Frau. – In diesen drei Sätzen ist für viele zusammengefasst, wie die Bibel vom Werden des Menschen denkt. Angeblich. Denn die ersten Seiten der Bibel sind wesentlich differenzierter. Zwei Schöpfungstexte stehen hintereinander, der jüngere – etwa aus dem 6. Jh. v. Chr. – an erster Stelle (Gen 1,1–2,4a). Der ältere – ungefähr um 900 v. Chr. – folgt ihm (Gen 2,4b–25). Dieser ältere Text setzt mit der Erschaffung des Menschen ein. In einem altertümlichen Bild wird Gott als eine Art Töpfer vorgestellt, der aus dem Ackerboden (hebräisch ADAMAH) den Menschen (hebräisch ADAM) formt und bildet. Von einer Differenzierung in Mann und Frau ist hier noch nicht die Rede. ADAM bedeutet einfach »Mensch«. Richtiger müsste man sagen: »Erdling«. Der Mensch ist von der Erde genommen. Und er ist »empfängliche Erde«: Denn in seine Nase – so sagt der Text – bläst Gott den Lebensatem. In der Aufnahme dieses Gottesodems wird der Mensch zu einem lebendigen Wesen.

»Empfängliche Erde« zu sein – das ist Grundberufung des Menschen: das Leben an- und aufnehmen, Antennen setzen für das, was ist: die anderen Menschen, die Schöpfung, Gott.

Als »empfängliche Erde« sind wir geschaffen. Doch allzu oft ist diese Erde hart geworden, trocken, sandig. Sie kann nicht mehr aufnehmen, was ihr entgegenkommt. Alles scheint an uns abzufließen. Wie harte Erde keine Frucht bringen kann, so bringt auch mein Leben keine Frucht, wenn ich mich nicht mehr öffnen kann für die Gaben des Lebens.

Das Bild von der Erde durchzieht viele Texte der Bibel. Wir begegnen ihm wieder in den Geschichten Jesu. Etwa in der Erzählung vom Sämann, dessen Samen auf unterschiedliche Erdqualitäten

fällt. Oder im Gleichnis vom Gärtner, der den Boden um einen un-
fruchtbar gebliebenen Baum umgräbt, um ihm Luft und Nahrung
zu verschaffen.

Fastenzeit ist eine Zeit solchen »Umgrabens«. Der hart gewordene
Boden in uns, der hart gewordene Boden, der wir oft selber sind, soll
wieder empfänglich werden: für das Leben, für andere Menschen,
für meine eigene Sehnsucht, für Gottes Zuwendung, für Gottes
Wort.

Anneliese Herzig

Zum Lesen und Nach-denken

»Da formte Gott, der Herr, den Menschen aus Erde vom Ackerboden und blies in seine Nase den Lebensatem. So wurde der Mensch zu einem lebendigen Wesen.«

(Genesis 2,7)

»Und Jesus erzählte den Leuten dieses Gleichnis: Ein Mann hatte in seinem Weinberg einen Feigenbaum; und als er kam und nachsah, ob er Früchte trug, fand er keine. Da sagte er zu seinem Weingärtner: Jetzt komme ich schon drei Jahre und sehe nach, ob dieser Feigenbaum Früchte trägt, und finde nichts. Hau ihn um! Was soll er weiter dem Boden seine Kraft nehmen? Der Weingärtner erwiderte: Herr, lass ihn dieses Jahr noch stehen; ich will den Boden um ihn herum aufgraben und düngen. Vielleicht trägt er doch noch Früchte; wenn nicht, dann lass ihn umhauen.«

(Lukas 13,6–9)

Lassen Sie sich von Genesis 2,4b–7 und Lukas 13,6–9 anregen, über Ihr Leben nachzudenken: wo Sie hart und unempfänglich, unempfindlich und unzugänglich geworden sind; was Sie während der Fastenzeit an Ihrem Leben »umgraben« möchten, um wieder empfänglicher zu werden.

Anneliese Herzig

Wachstumsdunkel

1. FASTENSONNTAG

wachstumsdunkel

samenkorn
in empfängliche erde gelegt
in der tiefe geborgen
wartest du
auf deine entfaltung

alles
ist in dir angelegt:
deine ganze gestalt
wurzeln, blätter
blüten, stängel
farbe und duft

deine ganze fülle ist
in deiner unscheinbarkeit
gegenwärtig

das dunkel gibt
deinem wachstum raum
ruhe und zeit

es geschieht von selbst
aus der kraft im inneren
du kannst es nicht machen
nur geschehen lassen

im wachstumsdunkel
begegnen sich
das warten
und die verheißung

lausche lange genug
in dich hinein
wenn es zeit ist
spürst du
den impuls zum aufbruch

Almut Haneberg

WOCHENÜBUNG

Nehmen Sie ein Samenkorn (z. B. einen Sonnenblumenkern, ein Weizenkorn) zur Hand. Schauen Sie es in Ruhe an, fühlen Sie das Äußere, machen Sie sich damit vertraut. Versuchen Sie ein Gespräch mit diesem Samenkorn zu beginnen. Es wird ein paar Versuche brauchen und vielleicht einige Zeit dauern, aber es könnte Ihnen etwas sagen. Sie können das Samenkorn an einen Ort legen, wo Sie während der Woche immer wieder daran erinnert werden, und es am Ende der Woche in die Erde einpflanzen.

Für Liebhaberinnen von Blumen und als Alternative: Statt des Samenkorns können Sie auch eine Blumenzwiebel (z. B. Amaryllis) nehmen.

Almut Haneberg

MITTWOCH DER 1. FASTENWOCHE

Aus biologischer Sicht ist es längst erwiesen, dass nicht nur die Pflanzen den Wechsel von Tag und Nacht, von Licht und Dunkel brauchen, sondern dass auch der menschliche Körper diesen Rhythmus benötigt. In der Nacht regenerieren sich die Organe während des Schlafs und der Geist kann abschalten und sich erholen von den Eindrücken des Tages. In der Nacht wird auch das Wachstum gesteuert und die Wachstumshormone werden produziert, so dass man bei Kindern oft zutreffend feststellt, dass sie über Nacht gewachsen seien. Aber wir spüren nichts von diesen Vorgängen, wir sehen nur am Ende das Ergebnis. Ebenso ist es, wenn jemand im Herbst Tulpenzwiebeln in die Erde bettet und lange nicht weiß, ob sie im Frühjahr aufgehen.

Auf meinem Lebensweg erkenne ich beim Zurückschauen Wegstrecken, die mir beim Gehen dunkel und unklar erschienen, auf denen ich vielleicht um eine Entscheidung gerungen habe und zu keinem Ergebnis gekommen bin. Wegstrecken, auf denen ich mich mit einem Problem auseinander gesetzt habe, aber sich keine Lösung auftat. Wegstrecken, die mir das Gefühl vermittelt haben, auf der Stelle zu treten ohne eine Veränderung zu bemerken. Doch dann – nach einer langen Zeit des Wartens und Aushaltens – klärt sich plötzlich eine Situation wie von selbst, ist eine Entscheidung möglich, tut sich unerwartet etwas Neues auf.

Brachzeiten sind Ruhephasen, die für mein Leben nötig sind. Sie bereiten den Raum, dass Neues im Verborgenen langsam wachsen kann. Obwohl solche Zeiten mir immer wieder Geduld abverlangen und mein Vertrauen einfordern, will ich versuchen, mich auf sie einzulassen. Denn ich habe erfahren, dass sie heilsam für mein Leben sind.

Petra Kropf

Haben Sie Ihr Samenkorn oder Ihre Blumenzwiebel noch? Nehmen Sie sie heute doch wieder einmal in die Hand …

FREITAG DER 1. FASTENWOCHE

Der zweite Prophet Jesaja lebte in einer Zeit, als sein Volk in großer Bedrängnis war. Jerusalem lag in Trümmern, nicht nur äußerlich. Die besten Köpfe des Landes waren deportiert. Jesaja sagt einen Neubeginn an. Ein Befreier ist von Gott ausersehen: Kyrus, der Ausländer, der nicht-jüdische Perserkönig. Wie soll er, der den Gott »Ich-bin-da« nicht kennt, ihn erkennen und anerkennen? Im Namen Gottes gibt Jesaja eine eigenartige Antwort: »Ich gebe dir verborgene Schätze und Reichtümer, die im Dunkel versteckt sind. So sollst du erkennen, dass ich ICH-BIN-DA bin, der dich bei deinem Namen ruft, ich, Israels Gott« (Jesaja 45,3). Im Dunkel versteckte Reichtümer, die sich dem Kyrus eröffnen, und die Überwindung von Barrieren sind Zeichen für die Wirklichkeit und Einzigartigkeit Gottes. Jesaja vertritt die Überzeugung, dass Gott auch im Dunkel, im Un-heil da ist. Zugespitzt, provozierend sagt Gott bei Jesaja sogar: »Ich erschaffe das Licht und mache das Dunkel, ich bewirke das Heil und erschaffe das Unheil« (Jesaja 45,7).

Wer soll das verstehen? Aber es passiert – bis heute:

Juni 2000. Eine Straße in der Nähe von Santiago de Chile. Eine kleine Prozession einfacher Leute mit einer Marienstatue ist unterwegs. Sie beten. Mitten drin eine Mitschwester von mir. Da rast ein Autobus in die Pilgergruppe. Fünf Menschen sterben. Unserer Schwester werden beide Beine von den Rädern des Busses amputiert. Ein Wunder, dass sie überlebt. In einem einzigen Moment verändert sich ihr Leben total. Sie muss ganz von vorne anfangen. Sie stellt sich den Fragen nach dem »Warum« und »Wozu«. Manchmal kämpft sie verzweifelt. Nur langsam, ganz langsam öffnen sich neue Horizonte. Sie ist nun mitten drin in der Welt der Behinderten, als eine von ihnen. Und als ihre Seelsorgerin. Niemals hätte sie daran gedacht.

Warum Gottes Wege so oft durchs Dunkel führen: Niemand weiß es. Aber auch das Dunkel ist von ihm, so wagt die Bibel zu sagen. Und Gott selbst ist mitten drinnen »DA«.

Anneliese Herzig

Zum Lesen und Nach-denken

Lesen Sie die Verse aus dem Buch *Jesaja* und hören Sie die Worte als Zusage an sich persönlich. Wo Sie in der deutschen Übersetzung »Herr« lesen, steht im Hebräischen der Gottesname, der übersetzt werden kann mit »ICH-BIN-DA«. Schreiben Sie Teile des Textes ab, die Sie ansprechen, und ersetzen Sie dabei »Herr« mit »»ICH-BIN-DA«. Ändert sich für Sie etwas dadurch?

Forschen Sie bei sich nach: »Haben sich auch mir im Dunkel meines Lebens Schätze und Reichtümer, neue Horizonte eröffnet?«

»So spricht der Herr zu Kyrus, seinem Gesalbten,
den er an der rechten Hand gefasst hat …:
Ich selbst gehe vor dir her und ebne die Berge ein.

Ich zertrümmere die bronzenen Tore und zerschlage
die eisernen Riegel.

Ich gebe dir verborgene Schätze und Reichtümer,
die im Dunkel versteckt sind.

So sollst du erkennen, dass ich der Herr bin,
der dich bei deinem Namen ruft, ich, Israels Gott.

Um meines Knechtes Jakob willen, um Israels,
meines Erwählten, willen habe ich dich bei deinem Namen
gerufen;

ich habe dir einen Ehrennamen gegeben,
ohne dass du mich kanntest.

Ich bin der Herr und sonst niemand;
außer mir gibt es keinen Gott.

Ich habe dir den Gürtel angelegt,
ohne dass du mich kanntest,
damit man vom Aufgang der Sonne bis zu ihrem
Untergang erkennt, dass es außer mir keinen Gott gibt.

Ich bin der Herr und sonst niemand.

Ich erschaffe das Licht und mache das Dunkel,
ich bewirke das Heil und erschaffe das Unheil.
Ich bin der Herr, der das alles vollbringt.«

(Jesaja 45,1–7)

Anneliese Herzig

Geburtswehen

geburtswehen

geburtswehen

deine wartezeit
samenkorn
geht zu ende

tief in dir
bewegt sich das leben
und drängt gewaltig
nach außen

wie bei einer geburt
die unter wehen geschieht
öffnest du dich

ein schmerzhafter vorgang
der dich ganz fordert
schafft den durchbruch
für das neue

du wirst aufgebrochen
auseinander gerissen

zarte wurzeln
wachsen nach unten
das erste keimblatt
schiebt sich
aus der erde

du bist angewiesen
auf gute bedingungen

der verletzbare anfang
braucht aufmerksamkeit
und achtsamen umgang

Almut Haneberg

Wochenübung

Achten Sie in dieser Woche immer wieder bewusst auf ihren Atem. Die körperliche Funktion des Atmens läuft unwillkürlich und autonom ab, das ist notwendig zum Überleben. Dennoch ist unsere Atmung nicht immer gleich, sie passt sich den äußeren Erfordernissen und Bedingungen an und kann auch ein Spiegelbild der inneren Verfassung sein.

Vielleicht gibt es Situationen, in denen Sie die Luft anhalten oder in denen Sie erst einmal tief Luft holen müssen. Wenn Sie Ihrem Atem aufmerksam lauschen, sagt er Ihnen einiges über Sie selbst.

Petra Kropf

MITTWOCH DER 2. FASTENWOCHE

In mir ist ein Kind, neues Leben, herangewachsen. Ich spüre, es will vom schützenden Dunkel hinaus ans Licht. Es ist reif, geboren zu werden. Die Zeit des Schwanger-Gehens neigt sich dem Ende zu. Etwas muss neu werden aus mir heraus – in mir hat es zu wenig Raum.

Ich empfinde Freude, kann es kaum erwarten, bis ich das neue Leben sehe, es berühren und begrüßen darf. Ich darf aktiv teilnehmen am entstehenden Lebensprozess.
Doch in diese Freude mischt sich auch die Angst vor etwas Neuem. Was kommt da auf mich zu? Bin ich der Geburt, den damit verbundenen Schmerzen überhaupt gewachsen? Wehen tun weh, haben mit Schmerz zu tun. Halte ich das Kommende aus?

Die Wehen kommen unweigerlich. Wo sie ausbleiben, ist das neue Leben in Gefahr. Zunächst scheint es gar nicht so schlimm zu sein. Die Freude taucht jetzt wieder auf, Leben mit hervorbringen zu können.

Jetzt geht es los! Es ist gut, dass die Geburt vorangeht. Ich fühle die Enge, die sich weitet unter Schmerzen. Der Atem hilft, die Wehen zu verarbeiten, sie noch erträglich zu machen.
Ich spüre, es gibt nun kein Zurück mehr. Ich bin nicht mehr Mitgestalterin des Lebens, ich bin allenfalls Mittlerin. Die Geburt geschieht mit mir.

Die Schmerzen werden stark. Der Atem geht stoßweise. Es ist gut, wenn jemand da ist, der um die Geburtsvorgänge weiß. Eine Hebamme, die sich um mich und das neue Leben kümmern kann. Ein

Lebenspartner, der mich kennt, der auch in dieser schönen und schwierigen Situation bei mir ist. Wie wohltuend ist da das geduldige Zureden und das Sich-Einhalten-Können bei meinen Begleitern.

Ich bin den Geburtswehen ausgeliefert. Ich kann mich dagegen wehren wollen, aber ich spüre, ich muss da durch! Das neue Leben, so zart und zerbrechlich es wirken mag, bahnt sich kraftvoll einen Weg. Der Weg von der dunklen geschützten Höhle durch den Geburtskanal erscheint mir ewig lang. Und ich fühle unendliche Enge. Es scheint ganz unmöglich, dass ich und das Kind die Geburt überstehen. Das gibt es nicht!

Die Wehen, die mich überrollen, fordern mehr als das Äußerste von mir. Es zerreißt mich schier. Aber dann lässt der große Druck nach, ich kann wieder ganz frei atmen und höre den ersten Schrei des jungen Lebens, der alle Anstrengungen und Schmerzen aufwiegt und vergessen lässt.

Gabriele Franke

FREITAG DER 2. FASTENWOCHE

D as hebräische Wort RUACH, das meist mit »Geist« übersetzt wird, meint ursprünglich eine überraschende, heftige Luftbewegung. Konkret ist das zum einen der Westwind, der Abkühlung und Regen bringt – und damit Leben: eine wichtige Erfahrung im trockenen Klima Palästinas. RUACH, das ist zum anderen der Atem, besonders das stoßweise Atmen.

RUACH bezeichnet dabei eigentlich nicht direkt den Wind oder Atem selbst, sondern die Lebenskraft, die Vitalität, die Energie, die dabei wirksam ist. RUACH ist der Geist des Lebens, die Schöpferkraft, die am Anbeginn über den Chaoswassern »flattert«, wie es wörtlich heißt (*Genesis 1,2*). Das, was leblos ist, erfüllt sie mit Lebendigkeit. Den Geschöpfen wird die RUACH, die Lebenskraft Gottes mitgeteilt. Sie wird ihr eigener Atem, ihre eigene Lebenskraft: Das gleiche Wort RUACH bezeichnet den »Atem« des Geschöpfes und den »Geist« Gottes (*Psalm 104,29f*).

RUACH wird grammatikalisch meist mit weiblichen Formen wiedergegeben. Sie ist Gottes Schöpferkraft, die Schöpferkraft einer Mutter. Begleitet von stoßweisem Atmen und von Wehen bringt eine Frau ein Kind zur Welt. Kraft seiner RUACH schafft Gott diese Welt, aus Liebe, aus dem »Nichts«. Und bis heute »erfüllt der Geist des Herrn den Erdkreis« (*Weisheit 1,7*) und erhält die Welt am Dasein.

Das Leben bringende Wirken Gottes in seiner RUACH am Beginn der Schöpfung setzt sich überall dort fort, wo Menschen »kreativ«, schöpferisch sind: in der Vereinigung von Mann und Frau, in der Geburt eines Kindes, aber auch in allen Menschen, die fasziniert, be-geist-ert sind und sich deshalb mit aller Kraft der Liebe für das Gute einsetzen und an einer »Kultur des Lebens« mitbauen.

Anneliese Herzig

Zum Lesen und Nach-Denken

Lassen Sie sich in diesen Tagen von folgenden Texten der Bibel inspirieren: *Psalm 104,29–30* und *Apostelgeschichte 17,22–28*: »Wir sind von Gottes Art«.

»Nimmst du ihnen den Atem (ruach), so schwinden sie hin und kehren zurück zum Staub der Erde. Sendest du deinen Geist (ruach) aus, so werden sie alle erschaffen und du erneuerst das Antlitz der Erde« (Psalm 104,29–30).

»Gott, der die Welt erschaffen hat und alles in ihr, er, der Herr über Himmel und Erde, wohnt nicht in Tempeln, die von Menschenhand gemacht sind. Er lässt sich auch nicht von Menschen bedienen, als brauche er etwas: er, der allen das Leben, den Atem und alles gibt. ... Sie sollten Gott suchen, ob sie ihn ertasten und finden könnten; denn keinem von uns ist er fern. Denn in ihm leben wir, bewegen wir uns und sind wir, wie auch einige von euren Dichtern gesagt haben: Wir sind von seiner Art.«

(Apostelgeschichte 17,24–25.27–28)

Versuchen Sie zu beten:

Was die Erde auch birgt,
was Meer und Himmel umschließen,
und was immer sich regt,
was atmet, begehrt und empfindet,
all dies schuf deine Hand
und trägt und erhält es im Dasein,
gibt ihm Leben und Kraft
und lenkt es mit Allmacht und Weisheit.

Aus dem kirchlichen Stundenbuch

Anneliese Herzig

Sehnsucht wächst

3. FASTENWOCHE

3. FASTENSONNTAG

sehnsucht wächst

das keimblatt
streckt sich nach oben aus
die wurzeln
wachsen nach unten

du hast
deinen standort gefunden

du bist verbunden
mit der erde
und der sehnsucht des samenkorns
das in der tiefe wartet
dass sich die ganze fülle
entfaltet

sonnenlicht
und die nährstoffe
des bodens
regen und wärme
fördern das wachstum

die kraft in dir
drängt nach außen
du willst
deine eigenart entfalten

du wächst
unbeirrbar langsam
lautlos und stark
beginnst
dich zu zeigen
und lässt
das werden geschehen

Almut Haneberg

WOCHENÜBUNG

Um die Sehnsucht im eigenen Herzen wieder deutlicher wahrzunehmen, können Sie versuchen, während der folgenden Woche ganz bewusst auf etwas zu verzichten, das Ihnen wichtig ist oder das Sie sehr gerne tun bzw. haben. Vielleicht ist es die heiß geliebte Schokolade oder der Nachmittagskaffee, vielleicht das allabendliche Fernsehstündchen vor dem Schlafengehen.

Spüren Sie in sich hinein, wie es Ihnen damit geht, einige Tage »ohne« zu leben. Es fällt Ihnen möglicherweise zunächst schwer und Sie vermissen etwas. Vielleicht erleben Sie aber auch eine Art von Freiheit durch den Verzicht und entdecken nach dieser Woche neu den Genuss oder die Freude an einer vertrauten Gewohnheit.

Petra Kropf

MITTWOCH DER 3. FASTENWOCHE

Alles beginnt mit der Sehnsucht« – diese Worte von Nelly Sachs haben mich auf meinem Berufungsweg als Ordensfrau begleitet. Einige Jahre vor meinem Eintritt in die Gemeinschaft hatte ich mein Studium beendet und einen interessanten Arbeitsplatz gefunden. Ich hatte eine kleine Wohnung gemietet und fühlte mich wohl in meinem Kreis von Freunden und Bekannten. Eigentlich war ich zufrieden mit meinem Leben. Dennoch trieb mich etwas um, das ich als Sehnsucht bezeichne, Sehnsucht nach einem erfüllten und sinnvollen Leben. Anfangs war es eher ein unklares Gefühl, von dem ich noch nicht wusste, wohin es mich führen würde. Aber diese Sehnsucht war eine starke Antriebskraft, mich auf den Weg zu machen, um mein Leben anders zu gestalten.

Dieser Weg war alles andere als gerade und bequem, er war oft voller Schwierigkeiten und schien mir streckenweise im Nebel zu verschwinden. Damals dachte ich zunächst an einen längeren Aufenthalt im Ausland, vielleicht auf einer Missionsstation. Über diesen »Umweg« lernte ich die Ordensgemeinschaft kennen, in der ich nun lebe und die mich gleich bei meinem ersten Besuch fasziniert hat. Doch was mir zunächst ganz klar schien – nämlich in die Gemeinschaft einzutreten – war längst noch nicht klar. Im Ringen um eine Entscheidung tauchte unter anderem die Frage nach Partner und Familie auf. Und schließlich fiel es mir nicht leicht, Elternhaus, Freundeskreis, Arbeitsplatz und Wohnung hinter mir zu lassen. In dieser Zeit hat mich meine Sehnsucht immer wieder wach gehalten, sie hat mich dazu bewegt, nicht stehen zu bleiben oder umzukehren auf meinem Weg.

Einen Wunsch, eine Sehnsucht zu haben ist die Voraussetzung für Veränderung in meinem Leben. Die Sehnsucht weist mich darauf hin, dass mir etwas fehlt, etwas, das mir wesentlich und wertvoll erscheint. Auch Jesus möchte den Menschen, die sich an ihn wenden, ihre Sehnsucht bewusst machen, wenn er ihnen die Frage stellt: »Was willst du, dass ich dir tue?«

Petra Kropf

FREITAG DER 3. FASTENWOCHE

W ächter, wie lange noch dauert die Nacht? Wächter, wie lange noch dauert die Nacht?« (Jesaja 21,11). Man meint, das Echo der drängenden Frage (sie steht tatsächlich doppelt im Bibeltext!) in den Ohren nachhallen zu hören: »Wie lange noch dauert die Nacht?« Wie lange noch darf das Dunkle und Bedrohliche triumphieren – in der Welt, in meinem persönlichen Leben und im Leben derer, die mir am Herzen liegen? Wie lange dauert es noch, bis es Frieden und Heil gibt? Sehnsucht wächst. Sehnsucht nach dem Morgen, nach Licht, nach Frieden und Lebensfülle. Sehnsucht, endlich aufatmen zu können, zur eigenen Lebensgestalt zu finden.

Der Spruch stammt aus einem so genannten »Wächterlied«. Das Motiv findet sich an verschiedenen Stellen der Bibel. Menschen und Völker wenden sich an einen Späher oder Wächter und erwarten Orientierung. Sie wollen erfahren, wie es weitergeht. Sie wollen wissen, ob und wann ihre Sehnsucht erfüllt wird.

An dieser Stelle im Prophetenbuch des Jesaja klingt die Antwort des Wächters ernüchternd: »Es kommt der Morgen, es kommt auch die Nacht. Wenn ihr fragen wollt, kommt wieder, und fragt!« (Jesaja 21,12). Es scheint, dass die Erwiderung des Wächters bewusst offen gehalten ist. Anders als ein normaler Nachtwächter, der Stunde für Stunde genau ansagt, weiß er genauso wenig wie die Frager, wann der Morgen und mit ihm der heilsame Durchbruch anbricht. Aber offensichtlich rechnet er mit einer Wende. Gleichzeitig weiß er um die Versuchung, resigniert das Fragen und Suchen aufzugeben. Deshalb spricht er im gleichen Atemzug die Aufforderung aus: »Kommt wieder, und fragt!« Das heißt doch: Gebt nicht auf, auch wenn es noch so aussichtslos scheint. Kommt immer wieder, fragt, verschafft eurer Sehnsucht Raum! Lasst sie wachsen und gebt euch nicht der Resignation anheim, auch wenn das Fragen schmerzlich bleiben mag!

Die Beter der Bibel vergleichen sich auch selbst mit einem Wächter, der auf den Morgen wartet. Ja, »mehr als die Wächter auf den Morgen« (Psalm 130,6) sehnen sie sich – wonach? Nicht um eine oberflächliche Sehnsucht handelt es sich. Sie kommt »aus der Tiefe« der Seele (Psalm 130,1). Die tiefsten Impulse und Wünsche des Herzens dringen an die Oberfläche. Diesen Abgrund der Sehnsucht in mir und in allen Menschen füllen kann letztlich – so sieht es wenigstens die Bibel – nur Gott.

Anneliese Herzig

Zum Lesen und Nach-Denken

Lesen Sie den Psalm 130 und versuchen Sie,
die Gebetsworte mit Ihrer eigenen Sehnsucht zu füllen.
Welche innersten Impulse melden sich?

»Aus der Tiefe rufe ich, Herr, zu dir:
Herr, höre meine Stimme!

Wende dein Ohr mir zu, achte auf mein lautes Flehen!
Würdest du, Herr, unsere Sünden beachten,
Herr, wer könnte bestehen?

Doch bei dir ist Vergebung, damit man in Ehrfurcht dir dient.
Ich hoffe auf den Herrn, es hofft meine Seele,
ich warte voll Vertrauen auf sein Wort.

Meine Seele wartet auf den Herrn mehr als die Wächter
auf den Morgen.
Mehr als die Wächter auf den Morgen soll Israel harren auf
den Herrn.

Denn beim Herrn ist die Huld,
bei ihm ist Erlösung in Fülle.

Ja, er wird Israel erlösen von all seinen Sünden.«

(Psalm 130)

Anneliese Herzig

Entfaltung

4. FASTENWOCHE

entfaltung

allmählich wächst du
zu deiner ganzen gestalt

blätter und stängel
sind kräftig genug
die erste knospe entsteht

von tag zu tag
gewinnst du an fülle
farbe und form
leise und unaufhaltsam
füllt dich
immer mehr
lebendigkeit aus

deine lebenskraft
enfaltet sich
deine schönheit
deine farbe
dein duft
drängen nach außen

du willst dich zeigen

du wartest
dass die sonnenstrahlen
dich berühren
und dich aus der reserve locken

es dauert noch
bis der augenblick da ist

zum richtigen zeitpunkt
geschieht die entfaltung
von selbst

Almut Haneberg

WOCHENÜBUNG

Legen Sie in dieser Woche Ihre Aufmerksamkeit

- auf Vorgänge, in denen *Sie etwas entfalten*: einen Plan, ein Tuch, einen Brief, einen Gedanken ...

- auf Vorgänge, in denen *sich etwas entfaltet*: eine Blume, ein Kind, ein Duft, ein Ton ...

Nehmen Sie wahr, wie etwas sichtbar wird, Gestalt annimmt, sich nach und nach zeigt. Versuchen Sie, neugierig zu sein auf den jeweils nächsten Schritt, sich überraschen zu lassen, nicht schon alles vorher zu wissen.

Anneliese Herzig

MITTWOCH DER 4. FASTENWOCHE

E ntfaltung« spüre und erlebe ich immer wieder ganzheitlich und leibhaftig beim Schwimmen. Durch Kinderlähmung im Kleinkindalter und eine starke Rückenverkrümmung bin ich in den Bewegungen und beim Atmen in gewisser Weise eingeschränkt. Umgeben vom Wasser erfahre ich eine große Freiheit, Weite und Leichtigkeit und spüre die Einschränkungen nur abgeschwächt. Ich muss nicht auf den Boden achten, um beim Gehen nicht hinzufallen. All das, worauf ich alltäglich ganz automatisch aufpasse, fällt weg. Je länger ich mich im Wasser aufhalte und mich »entfalten« kann, umso leichter, beweglicher und geschmeidiger erlebe ich mich. Bewegungen werden möglich, die ich sonst nicht oder nur mühsam bzw. mit Unterstützung ausführen kann. Es ist ein wunderbares Erleben, sich tragen zu lassen vom Wasser und diese Leichtigkeit der Bewegungen und des Lebens auszukosten.

Diese Erfahrung wird mir immer wieder zum Bild, dass Gott jede/n von uns so umgibt und umschließt, wie das Wasser beim Schwimmen mich umgibt und trägt. Gott will, dass mein Leben zur Entfaltung kommt. Das kann gelingen, wenn meine Beziehung zu Gott so ist, dass ich mich ihm anvertraue und überlasse, wie ich mich dem Wasser überlasse. Dann kann ich Freiheit, Weite, Leichtigkeit, Beweglichkeit spüren und dabei erfahren, dass mein Leben lebendig und fruchtbar wird.

Rosemarie Lichtenwallner

FREITAG DER 4. FASTENWOCHE

Ein »krank machender Geist« lastet schwer auf einer Frau. Seit 18 Jahren geht sie gebeugt. Ihr Horizont ist begrenzt. Sie kann nicht mehr aufrecht stehen, nicht mehr aufsehen, ihr Blick ruht am Boden. So kommt sie zur Synagoge, mischt sich bescheiden und unauffällig unter die Menge. Der Evangelist Lukas redet als Einziger von dieser Frau. Er spricht davon, dass Jesus sie wahrnimmt, die Initiative ergreift und sie zu sich, ganz nach vorne, an den Ehrenplatz ruft. Und sie kommt tatsächlich. Damit beginnt das Wunder: Jesus – so heißt es wörtlich – löst sie los von ihrer Krankheit, mit seinem Wort und seiner Geste der Handauflegung, mit seiner hör- und spürbaren Zuwendung. Sie kann sich – zum ersten Mal seit 18 Jahren! – aufrichten. Sie »entfaltet« ihren Körper, Wirbel für Wirbel streckt sie sich. Und im Raum der Synagoge entfaltet sich ihre Stimme: Vor der versammelten Gemeinde lobt sie Gott. Sie zeigt ihr Gesicht. Sie tritt aus ihrer Verborgenheit hervor.

Die Erzählung von der Heilung der »gekrümmten Frau« schließt sich dem Gleichnis vom Gärtner an, der den Boden um den bisher unfruchtbaren Feigenbaum umgräbt und düngt: Jesu Zuwendung ist wie die Arbeit des Gärtners, der den Boden lockert und neu empfänglich macht, damit sich Frucht entfalten kann.

Einen Namen der Frau nennt der Evangelist nicht. So gibt er den Leserinnen die Chance, selbst »hinein zu schlüpfen« in die Gestalt der gekrümmten Frau: zu spüren, was mich niederbeugt, wo ich den Kopf einziehe, wo sich meine Schultern krümmen, wo ich mich klein mache – aus Angst vor Versagen in Beruf, Familie, Partnerschaft, aus Angst vor offener und versteckter Gewalt, aus Resignation, dass meine eigenen Interessen doch nichts zählen. Und der Evangelist lädt uns ein, auch hinein zu schlüpfen in die Gestalt der geheilten Frau und in ihren aufrechten Gang.

Ungefährlich ist all dies nicht. Wenn ich mich »entfalte«, wenn ich aufrecht zu mir stehe, wird mein Gesicht, werde ich so, wie ich bin, sichtbar. Mein Inneres dringt nach außen. Ich werde angreifbar, kann mich nicht mehr verstecken zwischen meinen eingezogenen Schultern. Ich sehe, was ich vorher nicht wahrgenommen habe. Ich sage, was zu sagen ist. Ich LEBE. Gott »passt« das. Ob es den anderen passt, ist nicht wesentlich.

Anneliese Herzig

ZUM LESEN UND
NACH-DENKEN

Lesen Sie Lukas 13,10–17 und suchen Sie »Ihren« Zugang zu
der Frau mit dem »krank machenden Geist«, die von Jesus
den »aufrechten Gang« geschenkt bekommt. Versuchen
Sie dabei auch, in die Haltung der Frau hineinzugehen, in ihre
Krümmung, in die Bewegung des Aufrichtens und in ihren
aufrechten Stand. An welche Situationen Ihres Lebens werden
Sie erinnert?

*»Am Sabbat lehrte Jesus in einer Synagoge. Dort saß eine Frau,
die seit achtzehn Jahren krank war, weil sie von einem Dämon
geplagt wurde; ihr Rücken war verkrümmt und sie konnte nicht
mehr aufrecht gehen. Als Jesus sie sah, rief er sie zu sich und
sagte: Frau, du bist von deinem Leiden erlöst. Und er legte ihr
die Hände auf. Im gleichen Augenblick richtete sie sich auf und
pries Gott.*

*Der Synagogenvorsteher aber war empört darüber, dass Jesus
am Sabbat heilte, und sagte zu den Leuten: Sechs Tage sind zum
Arbeiten da. Kommt also an diesen Tagen und lasst euch heilen,
nicht am Sabbat. Der Herr erwiderte ihm: Ihr Heuchler!
Bindet nicht jeder von euch am Sabbat seinen Ochsen oder Esel
von der Krippe los und führt ihn zur Tränke? Diese Tochter
Abrahams aber, die der Satan schon seit achtzehn Jahren gefesselt
hielt, sollte am Sabbat nicht davon befreit werden dürfen?*

*Durch diese Worte wurden alle seine Gegner beschämt;
das ganze Volk aber freute sich über all die großen Taten, die er
vollbrachte.«*

(Lukas 13,10–17)

Anneliese Herzig

Erblühen

erblühen

langsam löst sich
die spannung

von außen gelockt
spürst du innen
den impuls dich zu öffnen

ein blütenblatt
nach dem anderen
wird sichtbar
zeigt farbe und form

allmählich
gewährt der blütenkelch
einblick in deine mitte

der duft
lässt deine inneren kräfte
ahnen
und erzählt von deiner
einzigartigen schönheit

du redest
vom dunkel des wachstums
von verletzbarkeit
leidenschaft
liebe und schmerz
und streckst dich
dem licht entgegen
lässt es
strahl um strahl
in dich hinein
nimmst es auf
und wirst immer mehr
du selbst

Almut Haneberg

WOCHENÜBUNG

- Stelle dich aufrecht und richte deinen Blick in die Ferne.
- Verwurzle dich im Boden und fühle deinen Aus- und Einatem-Rhythmus.
- Gib beim Einatmen etwas in den Knien nach.
- Nimm die Hände vor deinen Leib; die Handrücken berühren sich. Die Finger zeigen nach unten.
- Entfalte dich in einem langen Ausatemzug: Hebe die Hände bis in die Kopfhöhe. Löse die Berührung der Handrücken. Führe deine Arme weit auseinander. Strecke sie und lasse sie sinken. Die Handrücken berühren sich wieder.
- Öffne dich beim Ausatmen erneut wie eine römische Fontäne.
- Wiederhole dieses sechs bis sieben Mal. Sorge für glatte Bewegungsabläufe.

Aus: Peter Dyckhoff, Atme auf. 77 Übungen zur Leib- und Seelsorge, München 2001

MITTWOCH DER 5. FASTENWOCHE

B ei meinen Besuchen als ehrenamtliche Klinikseelsorgerin kam ich vor kurzem in das Zimmer einer alten Dame. Ich begrüßte sie und stellte mich vor. »Ich glaube sowieso an nichts«, war die erste spontane Reaktion der Frau. Ich erwiderte darauf, dass ich mich nur nach ihrem Befinden erkundigen wolle, aber sie blieb zunächst eher kurz angebunden und verschlossen. Sie habe so viele negative Erfahrungen in ihrem Leben gemacht, dazu die vielen schlechten Nachrichten, die man tagtäglich in den Zeitungen liest ... Hinter ihren Worten hörte ich große Resignation und Bitterkeit. Schließlich erzählte sie von der schweren Zeit, die sie während und nach dem Zweiten Weltkrieg durchgemacht hatte: sie musste vor den Russen fliehen und war lange unterwegs, viele Male umgezogen, bis sie endlich nach Jahren in Amberg eine neue Heimat gefunden hatte. Ich erwähnte, dass ich dort einmal als Urlaubsvertretung gearbeitet hatte. Da hellte sich ihr Gesicht auf und sie strahlte mich an, voll Freude, dass ich den Ort kannte, wo sie ein Zuhause gefunden hatte. Viele schöne Erinnerungen wurden wach bei der Frau und sie, die zunächst so mutlos und abweisend war, blühte regelrecht auf während des Gesprächs. Am Ende bedankte sie sich für meinen Besuch und meinte, dass ich ihr heute eine große Freude bereitet hätte. Ich selbst war berührt über die Wandlung der Frau und staunte, dass das Entdecken eines gemeinsamen Themas unsere Begegnung so verändert hatte.

Petra Kropf

FREITAG DER 5. FASTENWOCHE

S pare nicht!« Dieser Satz steht tatsächlich in der Bibel. Die Aufforderung gilt der viel geprüften Gottesstadt, die nun (wieder) in Freiheit leben und sich ausbreiten soll: »Mach den Raum deines Zeltes weit, spann deine Zelttücher aus, ohne zu sparen!« *(Jesaja 54,2).* Bei Jesaja geht es darum, dass dem in der Zeit des Exils entvölkerten Jerusalem wieder »Söhne (und Töchter)« geschenkt werden. Es soll sich darauf vorbereiten, jetzt. Jesaja wählt dazu das Bild des Zeltes: Damit wird Jerusalem an seine Wurzeln erinnert, nämlich an die Zeit des Gottesvolkes in der Wüste, als Israel in Zelten wohnte. Jetzt, so die Verheißung, löst Gott all das wieder neu ein, was er dem Volk zugesagt hat. Diese Segensverheißung kristallisiert sich hier wie an vielen Stellen des Ersten Testaments in der Mehrung des Volkes. »Spare nicht« – weil Gott nicht spart, weil Gott kein kleinlicher, knauseriger Krämer ist. Das ist die Botschaft des Jesaja.

Bezeichnend ist, dass es einige Verse später heißt: »Fürchte dich nicht!«. Denn es erfordert Mut, sich aufzumachen und den eigenen Lebensraum zu weiten. Nicht immer gelingt es. Viele Ängste halten davon ab zu »erblühen«, sich zu zeigen als die, die man in Wirklichkeit ist. Die Stadt Jerusalem mögen die niederschmetternden Erlebnisse der vorangegangenen Jahre entmutigt und ängstlich gemacht haben. Im persönlichen Leben des Menschen sind es oft schmerzliche Erfahrungen und zuweilen irrationale Ängste, die daran hindern zu »erblühen«, die vielmehr dazu führen, unterwürfig das Eigene hintanzuhalten, ja keine Grenzen zu überschreiten und sich auf den (vermeintlich) sicheren, wenn auch kleinen Lebensraum zu beschränken. Die ermutigende Botschaft der Bibel lautet anders: »Spare nicht! Mach dich auf! Lass dich nicht daran hindern zu blühen, denn darin liegt deine Bestimmung!«

Als die Jünger Jesu sich darüber empörten, dass eine Frau für Jesus äußerst kostbares Öl verschwendete, da ist für Jesus selbst das verschwenderische Tun dieser Frau durchaus angemessen: Sie sieht, was die anderen noch nicht sehen. Sie anerkennt, wer dieser Jesus im Tiefsten ist. Sie sieht die Blüte, wo die anderen noch nicht einmal die Knospe wahrnehmen. Jesus hat keine Angst zu erblühen. Und er begrüßt, dass auch die Frau keine Angst davor hat. Sie blüht auf in ihrem Handeln an Jesus, trotz des Protestes der Männer.

Anneliese Herzig

Zum Lesen und Nach-denken

»Als Jesus in Betanien im Haus Simons des Aussätzigen bei
Tisch war, kam eine Frau mit einem Alabastergefäß voll
echtem, kostbarem Nardenöl, zerbrach es und goss das Öl über
sein Haar. Einige aber wurden unwillig und sagten zueinander:
Wozu diese Verschwendung? Man hätte das Öl um mehr als
dreihundert Denare verkaufen und das Geld den Armen geben
können. Und sie machten der Frau heftige Vorwürfe. Jesus aber
sagte: Hört auf! Warum lasst ihr sie nicht in Ruhe? Sie hat ein
gutes Werk an mir getan. ... Amen, ich sage euch: Überall auf
der Welt, wo das Evangelium verkündet wird, wird man sich an
sie erinnern und erzählen, was sie getan hat.«

(Markus 14,3–6.9)

Die Salbung Jesu durch eine Frau wird von verschiedenen
Evangelisten überliefert: Markus 14,3–9; Matthäus 26,6–13;
Johannes 12,1–8. Wählen Sie eine dieser Stellen für sich aus
und nehmen Sie probeweise die Perspektive der Jünger, der
Frau und Jesu ein. Welche Gedanken und Empfindungen
regen sich in Ihnen?

Anneliese Herzig

Fülle

VON PALMSONNTAG BIS OSTERN

Valdivia, Chile, 1960. Ein gewaltiges Seebeben erschüttert die Stadt. Die Flutwelle ist mehr als 20m hoch und zerstört ganze Stadtteile und Landstriche. Niemals mehr wird die Gegend wie früher sein. Niemals. 60.000 Tote. Bis heute erinnern Sumpfgebiete rund um die Stadt an die Katastrophe. Furchtbar die Erinnerungen der Überlebenden. Warum musste dies geschehen? Warum?

Ich weiß es nicht. Ich habe nur die eigentümliche Schönheit der Frühnebel über den Sümpfen gesehen. Ein wahrhaftes Biotop, ein neuer Lebensraum ist entstanden: seltene Vögel nisten, kreisen friedlich über dem Wasser, Blumen blühen, und das Schilf wiegt sich im Wind.

Erfahrungen wie diese haben uns ermutigt, die Karwoche oder besser gesagt die Woche von Tod und Auferstehung Jesu Christi unter das Thema »Fülle« zu stellen. Zur Fülle gehört nicht nur das Schöne, das Gelungene, sondern auch das Zerbrochene, das Dunkle. In Jesus Christus lässt Gott selbst sich ein auf die schmerzlichen Erfahrungen des Lebens wie Verlassenheit, Leid und Tod. In ihm wird aber gleichzeitig sichtbar, dass der Tod nicht das letzte Wort hat, sondern dass das todbringende Kreuz zum Lebensbaum werden kann. Die »Heilige Woche« will die Hoffnung in uns nähren, dass auch aus dem Verlorenen und Zerstörten meines Lebens ein »Biotop«, ein neuer Ort des Lebens werden kann. Nichts, was sich als Erfüllung ausgibt, aber dennoch oberflächlich bleibt, sondern eine Fülle, die gereift ist, in der auch das Dunkle seinen Ort gefunden hat.

Anneliese Herzig

PALMSONNTAG

Zu Beginn dieser Woche möchte ich Sie zum Malen einladen. Keine Sorge: Es kommt überhaupt nicht darauf an, kunstvoll oder »richtig« zu malen. Es ist vor allem eine Übung, auf die Sie sich ohne viel zu denken, einlassen können. Achten Sie darauf, was Sie dabei empfinden.

Nehmen Sie ein Blatt Papier (günstig ist ein kleines Format, max. A5) und Wachsmalstifte oder Ölpastellkreiden zur Hand (mit anderen Stiften funktioniert die Technik nicht). Spielen Sie nun ein wenig mit den Farben und lassen Sie Ihrer Fantasie freien Lauf, malen Sie, was Ihnen gerade in den Sinn kommt, es muss nichts Gegenständliches sein. Wenn Ihr Bild fertig ist, lassen Sie es zunächst einige Minuten auf sich wirken. Dann nehmen Sie eine möglichst dunkle Farbe, am besten Schwarz, und übermalen Sie die gesamte Fläche. Jetzt brauchen Sie einen spitzen Gegenstand, am besten ein Messer oder eine Stricknadel. Damit ritzen Sie vorsichtig ein Muster in die oberflächliche dunkle Farbschicht, so dass nach und nach die Farben Ihres ursprünglichen Bildes wieder zum Vorschein kommen. Dieses kleine »Experiment« mag unterschiedlichste Gefühle bei Ihnen ausgelöst haben. Mir selbst schien es zunächst fast brutal, mein Werk komplett zuzudecken. Aber es hat mich dann fasziniert zu beobachten, wie durch das Einritzen die Farben wieder auftauchen und sich aus der Verbindung der verschiedenen Schichten ein ganz neues Bild ergibt.

Ich erinnerte mich bei dieser Entdeckung an ein Gespräch, das ich vor einiger Zeit mit einem jungen Mann geführt habe. Er leidet an einer angeborenen Hüftgelenksarthrose, die sich im Laufe der Jahre durch die körperliche Belastung immer mehr verschlimmert hat. Dadurch ist er in seiner Bewegungsfreiheit sehr eingeschränkt, er kann nicht lange stehen oder laufen und muss auf vieles verzichten, was für ihn im anfänglichen Stadium der Erkrankung noch möglich war. Dies falle ihm sehr schwer, wie er mir erzählte, aber er konnte in dieser Begrenzung eine Chance sehen, neue Hobbies und Fähigkeiten zu entdecken, die ihm zunächst nicht bewusst waren. So zum Beispiel seine Gabe, mit Menschen in Kontakt zu kommen und ihnen ein guter Gesprächspartner zu sein. »Denn dazu braucht man viel Ruhe und Geduld, und die ist mir im Umgang mit der eigenen Krankheit allmählich zugewachsen. So habe ich jedes Mal, wenn ich scheinbar etwas verloren habe, etwas Neues hinzugewonnen.«

Mich hat diese Sichtweise, dieses Umgehen mit der eigenen Begrenzung sehr beeindruckt. Wenn ich nicht hängen bleibe an den dunklen Stellen meines Lebens, sondern schaue, was sich dahinter noch verbirgt, wenn ich an der Oberfläche kratze, so ist es möglich, dass ich darunter die Farbigkeit wieder entdecke, und dass alles zusammen dann ein ganz neues Bild, einen neuen Entwurf für mein Leben darstellt.

Petra Kropf

KARFREITAG

Im Markusevangelium endet das Leben Jesu mit einem Schrei: »Jesus aber schrie laut auf. Dann hauchte er den Geist aus« (*Mk 15,37*). Jesus stirbt nicht mit einem frommen Gebet auf den Lippen. Er stirbt mit einem Schrei, der durch Mark und Bein geht. Einer ist dabei, der hinter diesen Schrei schaut. Kein Jünger Jesu – sie sind alle längst geflohen – , sondern ein römischer Hauptmann. Einige alte Handschriften sagen es ganz deutlich: »Als der Hauptmann, der Jesus gegenüber dabeistand, ihn schreiend den Geist aushauchen sah, sagte er: Wahrhaftig, dieser Mensch war Gottes Sohn!« (*Mk 15,39*). Nicht an einem Gebet der Hingabe und Vergebung erkennt dieser Mann, dass da »mehr« war in diesem Jesus von Nazaret. Der gewaltige Schrei ist es, der ihm gleichsam den Horizont aufreißt und Tieferes entdecken lässt.

Noch jemand hört Jesus schreien und sieht ihn sterben – und hält aus: Frauen, die ihm nachgefolgt waren bis nach Jerusalem. Ein Bekenntnis wie das des römischen Hauptmanns wird von ihnen nicht überliefert, aber die gleichen Frauen sind es, die sich am Ostermorgen auf den Weg zum Grab machen, um Jesus den letzten Liebesdienst der Salbung zu erweisen. Sie, die Zeuginnen des Todes Jesu waren, die seinen Schrei ausgehalten haben, die beim Begräbnis dabei waren und bereit sind, sich auch dem toten Jesus zu nähern, sie sind es, die jetzt auch »dahinter« schauen und die Botschaft hören: »Er ist auferstanden; er ist nicht hier« (*Mk 16,6*). Am Karfreitag erlebten sie, wie das Leben Jesu, das ihnen selbst und vielen anderen so viel Helle gebracht hat, in Dunkel und Schmerz ausgelöscht wurde. Nun erfahren sie, dass plötzlich hinter dem Dunkel das Licht wiederum aufleuchtet. Ob auch sie es – wie der Hauptmann – schon vorher gespürt haben?

Wenn ich mich mit dieser Stelle aus dem Evangelium beschäftige, dann meine ich manchmal, den Schrei Jesu zu hören, der sich mit dem Schreien der Menschheit vermischt. Wenn ich diesem Schrei länger lausche, mich ihm nicht verschließe, sondern ihn gewissermaßen »zu Ende höre«, dann kommt es mir vor, als würde er mich in eine ungeahnte Tiefe führen. Er verhallt dabei nicht im Nichts, sondern öffnet sich in eine andere Dimension hinein. Was dort ist, kann ich nur erahnen und erhoffen: Friede, in dem auch das Dunkle und Schmerzliche aufgehoben sind. Utopie? Ich erinnere mich an eine junge Frau, die mir von Krankheit und Sterben ihrer Mutter erzählt hat: Es war sehr schmerzlich für sie, aber sie bezeichnet es als kostbare Zeit und Erfahrung, die ihr gezeigt hat, dass der Tod zum Leben gehört – nicht als Ende, sondern als Schwelle in ein neues Leben hinein.

Anneliese Herzig

ZUM LESEN UND NACH-DENKEN

Lesen Sie heute aus dem Markusevangelium die Verse 15,37–41 und versuchen Sie, sich an die Stelle der Frauen oder des römischen Hauptmanns zu setzen. Sie können das auch buchstäblich tun, indem Sie sich z.B. einem Kreuz gegenüber setzen. Lassen Sie den Schrei Jesu auf sich wirken – was sagt er Ihnen, womit vermischt er sich für Sie? Ändert sich etwas, wenn Sie diesen Schrei »zu Ende hören«, öffnet sich Ihnen vielleicht auch eine andere Dimension?

»Jesus ... schrie laut auf. Dann hauchte er den Geist aus. Da riss der Vorhang im Tempel von oben bis unten entzwei. Als der Hauptmann, der Jesus gegenüberstand, ihn auf diese Weise sterben sah, sagte er: Wahrhaftig, dieser Mensch war Gottes Sohn. Auch einige Frauen sahen von weitem zu, darunter Maria aus Magdala, Maria, die Mutter von Jakobus dem Kleinen und Joses, sowie Salome; sie waren Jesus schon in Galiläa nachgefolgt und hatten ihm gedient. Noch viele andere Frauen waren dabei, die mit ihm nach Jerusalem hinaufgezogen waren.«

(Markus 15,37–41)

Anneliese Herzig

KARSAMSTAG

Die schwersten Wege
Für R.H.

Die schwersten Wege
werden alleine gegangen,
die Enttäuschung, der Verlust,
das Opfer,
sind einsam.
Selbst der Tote der jedem Ruf antwortet
und sich keiner Bitte versagt
steht uns nicht bei
und sieht zu
ob wir es vermögen.
Die Hände der Lebenden die sich ausstrecken
ohne uns zu erreichen
sind wie die Äste der Bäume im Winter.
Alle Vögel schweigen.
Man hört nur den eigenen Schritt
und den Schritt den der Fuß
noch nicht gegangen ist aber gehen wird.
Stehenbleiben und sich Umdrehn
hilft nicht. Es muß
gegangen sein.

Nimm eine Kerze in die Hand
wie in den Katakomben,
das kleine Licht atmet kaum.
Und doch, wenn du lange gegangen bist,
bleibt das Wunder nicht aus,
weil das Wunder immer geschieht
und weil wir ohne die Gnade
nicht leben können:
die Kerze wird hell vom freien Atem des Tags,
du bläst sie lächelnd aus
wenn du in die Sonne trittst
und unter den blühenden Gärten
die Stadt vor dir liegt,
und in deinem Hause
dir der Tisch weiß gedeckt ist.
Und die verlierbaren Lebenden
und die unverlierbaren Toten
dir das Brot brechen und den Wein reichen –
und du ihre Stimme wieder hörst
ganz nahe
bei deinem Herzen.

Hilde Domin

Aus: Gesammelte Gedichte, © S. Fischer Verlag GmbH,

Frankfurt am Main, 1987

Der Karsamstag ist ein Tag des Übergangs. Er erinnert uns an Situationen, in denen es etwas nicht mehr gibt und das Neue noch nicht da ist. Vielleicht kennen Sie solche Situationen ... und Sie können sich daran erinnern – Wie war das? Was hat Ihnen dabei geholfen, nicht zu verzweifeln, sondern weiter zu gehen?

Almut Haneberg

OSTERSONNTAG

fülle

du hast
deinen höhepunkt erreicht

deine blütenblätter
sind alle entfaltet
du zeigst dich
in deiner ganzen gestalt:

schön bist du
leidenschaftlich
einzigartig
in farbe
form und duft

einmalig
in deiner art
zu wachsen und zu sein

du hast lange gebraucht
um an diesen punkt zu kommen
aber du hast ihn erreicht

jetzt
kannst du das tun
was deinem innersten wesen
entspricht:
blühen
dort wo du stehst

Almut Haneberg

Die Autorinnen

Almut Haneberg,
Sozialpädagogin und Kunsttherapeutin, ist Referentin in der Kath. Hochschulgemeinde München-Preysingstraße, arbeitet in der Begleitung von Einzelnen und Gruppen und ist künstlerisch tätig.

Dr. Anneliese Herzig,
Theologin, ist Generaloberin der Missionsschwestern vom Heiligsten Erlöser und in geistlicher Begleitung sowie theologisch-spiritueller Arbeit mit Erwachsenen tätig.

Petra Kropf
ist Apothekerin, macht derzeit eine Ausbildung zur Heilpraktikerin und ist ehrenamtlich in der Klinikseelsorge tätig.

Die Autorinnen gehören dem katholischen Frauenorden der Missionsschwestern vom Heiligsten Erlöser an.

FESTE, FEIERN, WICHTIGE TAGE

Aschermittwoch: 5.3.2003 • 25.2.2004 • 9.2.2005

Palmsonntag: 13.4.2003 • 4.4.2004 • 20.3.2005

Karfreitag: 18.4.2003 • 9.4.2004 • 25.3.2005

Ostersonntag: 20.4.2003 • 11.4.2004 • 27.3.2005

Weltgebetstag der Frauen: erster Freitag im März

Internationaler Tag der Frau: 8. März

Frühlingsanfang: 20. März

2003: Jahr der Bibel

TAGE, DIE FÜR MICH WICHTIG SIND

PERSÖNLICHE NOTIZEN